學校 - d Schuel	2
旅行 - d Reis	5
交通運送 - dr Transport	8
城市 - d Stadt	10
地形 - d Landschaft	14
餐館 - s Restaurant	17
超市 - dr Läbensmittellade	20
飲料 - s Getränk	22
食物 - d Läbensmittel	23
農場 - dr Buurehof	27
房子 - s Huus	31
客廳 - s Stubä	33
廚房 - d Chuchi	35
浴室 - s Badzimmer	38
兒童房 - s Chinderzimmer	42
衣服 - d Chleidig	44
辦公室 - s Büro	49
經濟 - d Wirtschaft	51
職業 - d Brüef	53
工具 - d Werkzüüg	56
樂器 - d Musiginstrumänt	57
動物園 - dr Zolli	59
體育 - dr Sport	62
活動 - d Aktivitäte	63
家 - d Familiä	67
身體 - dr Körpär	68
醫院 - s Spital	72
緊急情形 - dr Notfall	76
地球 - d Ärde	77
鐘錶 - d Uhr	79
週 - d Wuche	80
年 - s Johr	81
形狀 - d Forme	83
顏色 - d Farbä	84
反義詞 - d Gägeteil	85
數字 - d Zahlä	88
語言 - d Sprache	90
誰/什麼/如何 - wär / was / wie	91
方位 - wo	92

Impressum
Verlag: BABADADA GmbH, Nedderfeld 112 , 22529 Hamburg
Geschäftsführer / Verlagsleitung: Harald Hof
Druck: Books on Demand GmbH, In de Tarpen 42, 22848 Norderstedt

Imprint
Publisher: BABADADA GmbH, Nedderfeld 112 , 22529 Hamburg, Germany
Managing Director / Publishing direction: Harald Hof
Print: Books on Demand GmbH, In de Tarpen 42, 22848 Norderstedt

學校

d Schuel

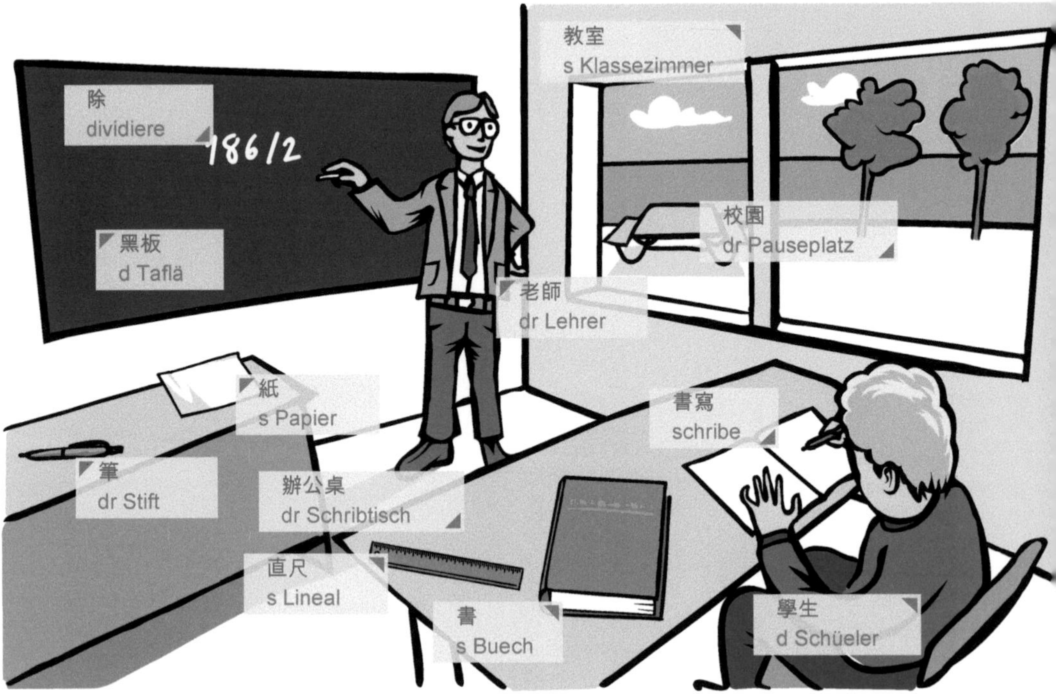
教室
s Klassezimmer
除
divídiere
186/2
黑板
d Taflä
校園
dr Pauseplatz
老師
dr Lehrer
紙
s Papier
書寫
schribe
筆
dr Stift
辦公桌
dr Schribtisch
直尺
s Lineal
書
s Buech
學生
d Schüeler

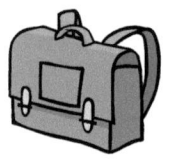

書包

dr Thek

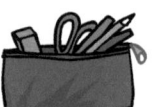

鉛筆盒

s Etui

鉛筆

dr Bleistift

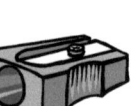

削鉛筆機

dr Spitzer

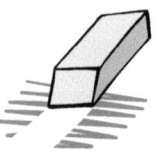

橡皮擦

s Radiergummi

畫板

dr Zeicheblock

圖畫

d Zeichnig

畫筆

dr Pinsel

顏料盒

dr Malchaschte

剪刀

d Schär

膠水

dr Liim

練習冊

s Üebigsheft

家庭作業

d Huusufgabe

12

數字

d Zahl

2+2

加

addiere

5-2

減

subtrahiere

2×2

乘

multipliziere

計算

rächne

A

字母

dr Buechstabe

**ABCDEFG
HIJKLMN
OPQRSTU
VWXYZ**

字母表

s Alphabet

hello

字

s Wort

課文
dr Text

讀
läse

粉筆
d Kriide

上課
d Lektion

登記
s Klassäbuech

考試
d Prüefig

證書
s Zügnis

校服
d Schueluniform

教育
d Usbildig

百科全書
d Enzyklopädie

大學
d Universität

顯微鏡
s Mikroskop

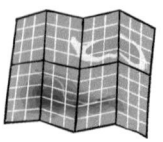

地圖
d Charte

廢紙簍
dr Papierchorb

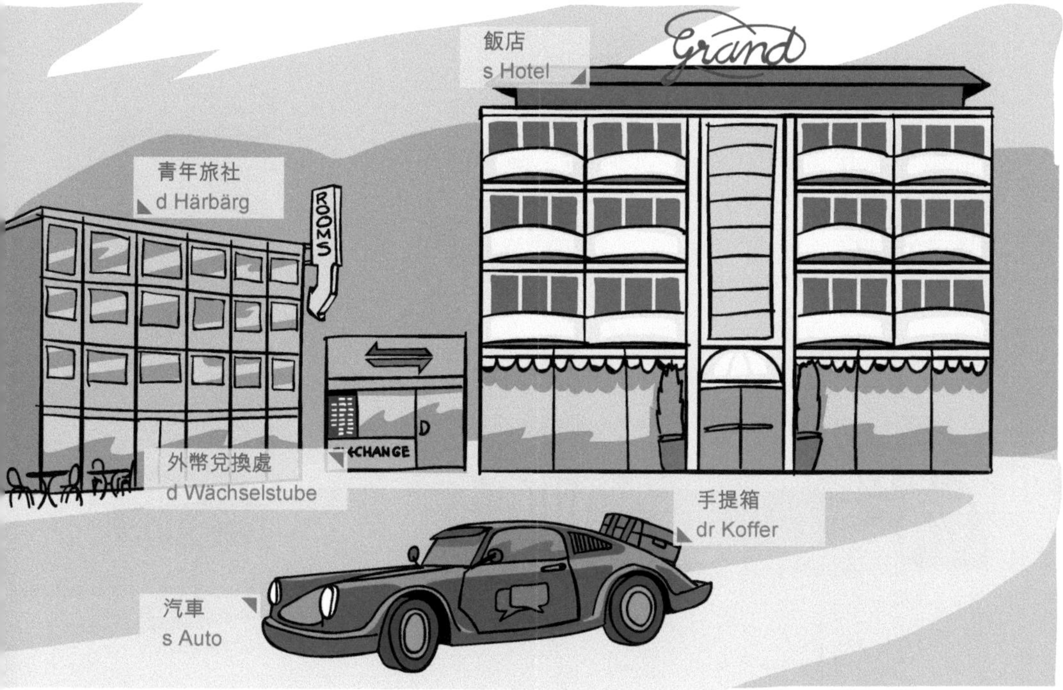

飯店
s Hotel
Grand
青年旅社
d Härbärg
ROOMS
外幣兌換處
d Wächselstube
EXCHANGE
手提箱
dr Koffer
汽車
s Auto

語言

d Sprach

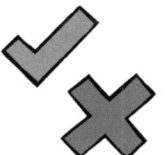

是/否

jo / nei

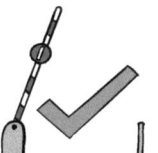

好的

okay

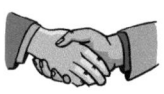

您好

Hallo

翻譯人員

dr Dolmetscher

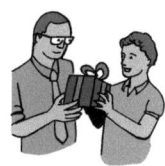

謝謝

Dankä

……多少錢？

Was chostet…?

我不明白

Ich vrstahs nöd

問題

s Problem

晚上好！

Guete Abig!

早上好！

guete Morgä!

晚安！

guete Abig!

再見

Uf Wiederseh

方向

d Richtig

行李

s Bagaasch

包

d Täsche

背包

dr Rucksack

客人

dr Gast

房間

dr Ruum

睡袋

dr Schlafsack

帳篷

s Zält

旅行資訊

d Touristeninformation

海灘

dr Strand

信用卡

d Kreditkarte

早餐

s Zmorge

午餐

s Zmittag

晚餐

s Znacht

票

s Billet

電梯

dr Ufzug

郵票

d Briefmarke

邊界

d Gränze

海關

dr Zoll

大使館

d Botschaft

簽證

s Visum

護照

dr Pass

交通運送

dr Transport

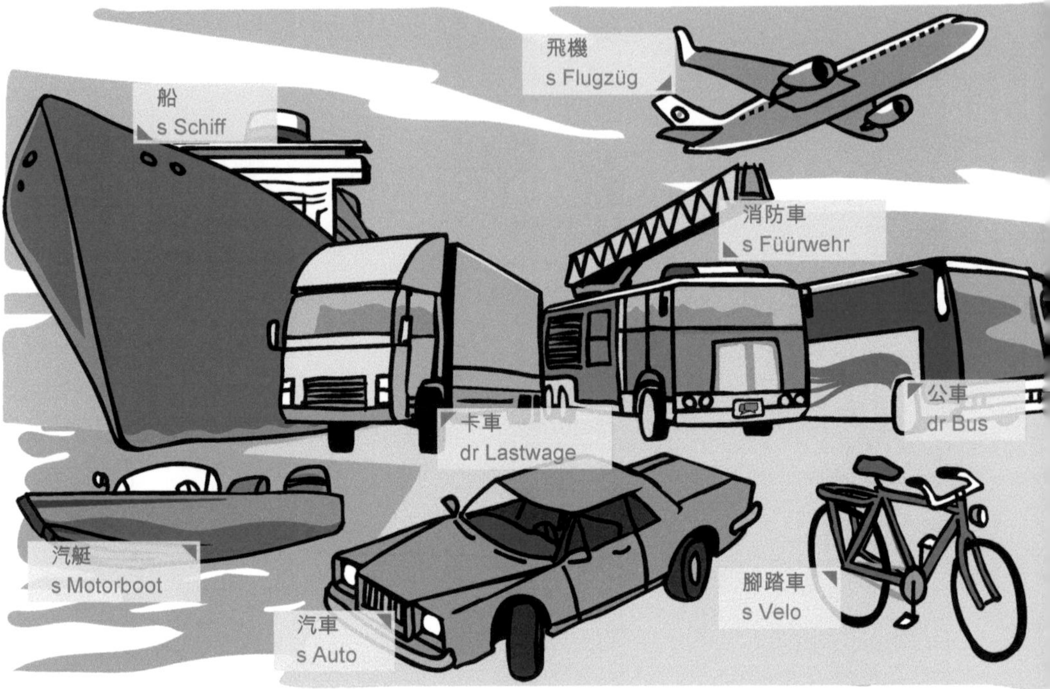

飛機
s Flugzüg
船
s Schiff
消防車
s Füürwehr
公車
dr Bus
卡車
dr Lastwage
汽艇
s Motorboot
腳踏車
s Velo
汽車
s Auto

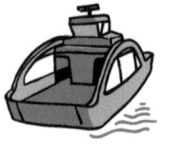

渡輪

d Fähri

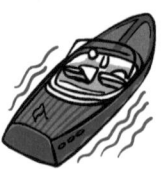

小船

s Boot

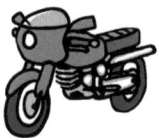

機車

s Töff

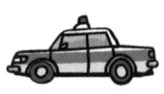

警車

s Polizeiauto

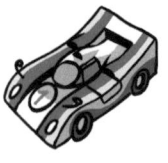

賽車

s Rännauto

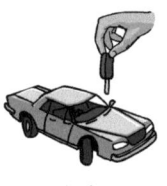

租車

dr Mietwage

拼車
s Carsharing

拖車
dr Abschleppwage

垃圾車
dr Chübelwage

馬達
dr Motor

汽油
s Benzin

加油站
d Tankstell

交通標識
s Verkehrsschild

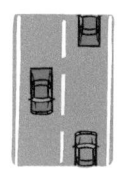

交通
dr Verchehr

交通堵塞
dr Stau

停車場
dr Parkplatz

火車站
dr Bahnhof

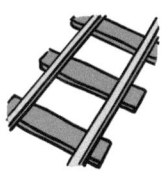

軌道
d Schiene

火車
dr Zug

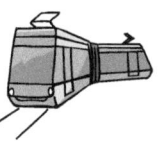

路面電車
d Strassebahn

客車廂
dr Wagon

交通運送 - dr Transport

直升機

dr Helikopter

機場

dr Flughafe

塔

dr Tower

乘客

dr Passagier

集裝箱

dr Container

紙板箱

dr Karton

手推車

dr Chare

籃子

dr Korb

起飛/降落

starte / lande

城市

d Stadt

村莊

s Dorf

市中心

s Stadtzentrum

房子

s Huus

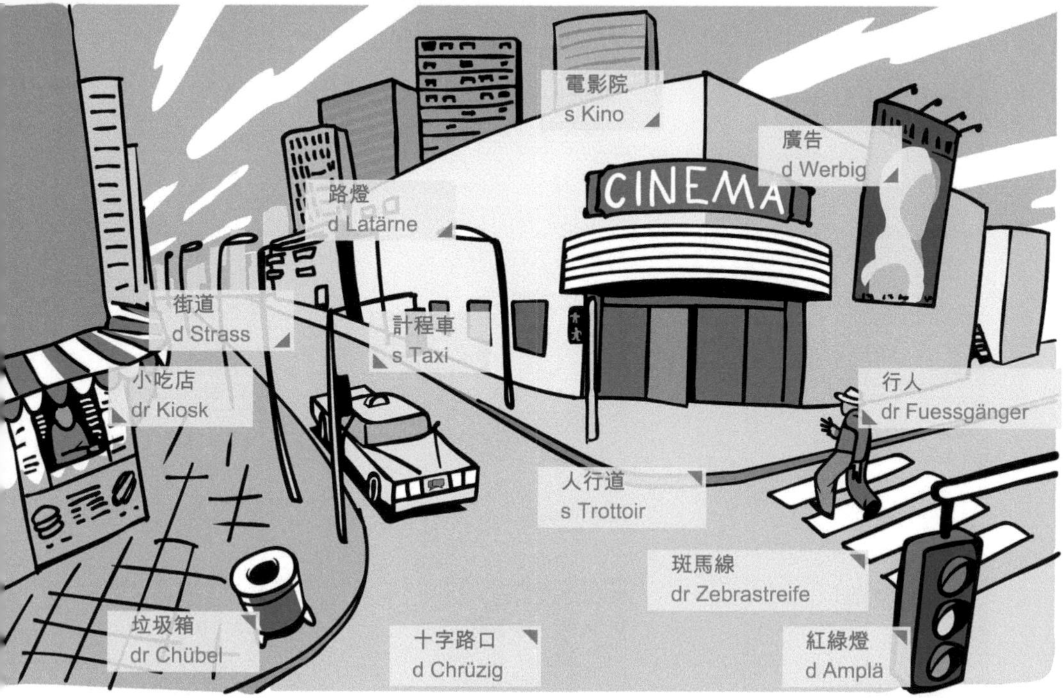
電影院
s Kino
廣告
d Werbig
CINEMA
路燈
d Latärne
街道
d Strass
計程車
s Taxi
小吃店
dr Kiosk
行人
dr Fuessgänger
人行道
s Trottoir
斑馬線
dr Zebrastreife
垃圾箱
dr Chübel
十字路口
d Chrüzig
紅綠燈
d Amplä

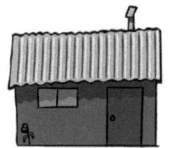

小屋

d Hütte

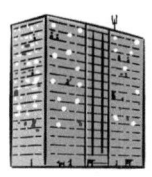

公寓

d Wohnig

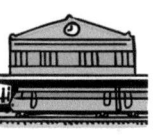

火車站

dr Bahnhof

市政廳

s Gmeindshuus

MUSEUM

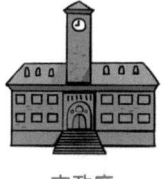

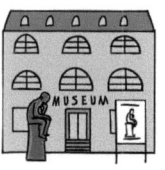

博物館

s Museum

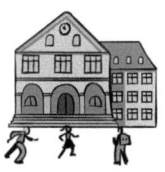

學校

d Schuel

大學

d Universität

銀行

d Bank

醫院

s Spital

飯店

s Hotel

藥房

d Apotheke

辦公室

s Büro

書店

s Buechgschäft

商店

s Gschäft

花店

dr Bluemelade

超市

dr Läbensmittellade

市場

dr Märt

百貨商店

s Chaufhuus

魚店

dr Fischhändler

購物中心

s Iihkaufszentrum

海港

dr Hafe

公園

dr Park

長凳

d Bank

橋

d Brugg

樓梯

d Stäge

捷運

d U-Bahn

隧道

dr Tunnell

公車站

d Bushaltestell

酒吧

d Bar

餐館

s Restaurant

郵筒

dr Briefchastä

路標

s Strasseschild

停車計時器

d Parkuhr

動物園

dr Zolli

游泳池

d Badi

清真寺

d Moschee

農場

dr Buurehof

污染

d Umwältvrschmutzig

墓地

dr Fridhof

教堂

d Chile

操場

dr Spielplatz

寺廟

dr Tämpel

地形
d Landschaft

樹葉
s Blatt

指示牌
dr Wägwiiser

路
dr Wäg

草地
d Wise

石頭
dr Stei

徒步旅行者
dr Wanderer

樹
dr Baum

河
dr Fluss

草
s Gras

花
d Bluamä

峽谷

s Tal

丘陵

dr Bärg

湖

dr See

森林

dr Wald

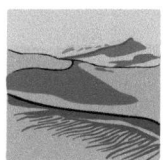

沙漠

d Wüeschti

火山

dr Vulkan

城堡

s Schloss

彩虹

dr Rägeboge

蘑菇

dr Pilz

棕櫚樹

d Palme

蚊子

dr Moskito

蒼蠅

d Fliege

螞蟻

d Ameise

蜜蜂

s Biendli

蜘蛛

d Spinne

地形 - d Landschaft

甲蟲

dr Chäfer

青蛙

dr Frosch

松鼠

s Eichhörnli

刺蝟

dr Igel

野兔

dr Haas

貓頭鷹

d Üle

鳥

d Vogu

天鵝

dr Schwan

野豬

s Wildschwein

鹿

dr Hirsch

麋鹿

dr Elch

水壩

dr Damm

風力發電機

d Windturbine

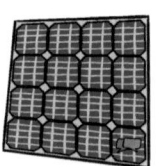

太陽能電池板

dr Sunnekollektor

氣候

s Klima

餐館

s Restaurant

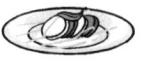

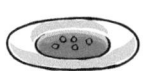

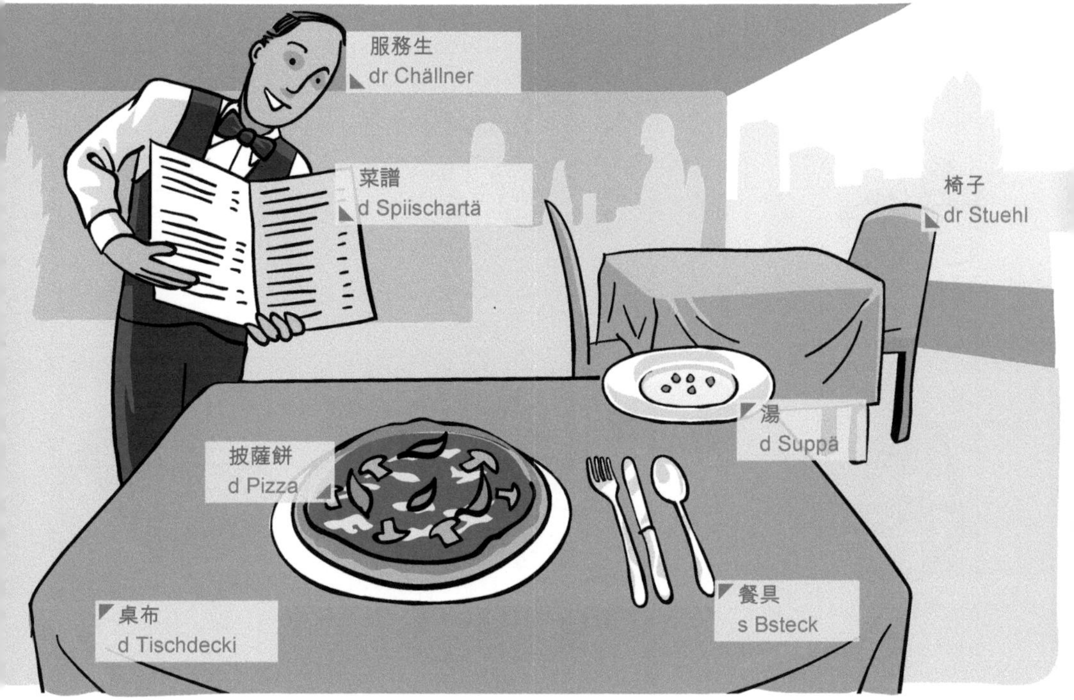

服務生
dr Chällner
菜譜
d Spiischartä
椅子
dr Stuehl
湯
d Suppä
披薩餅
d Pizza
餐具
s Bsteck
桌布
d Tischdecki

前菜

d Vorspiies

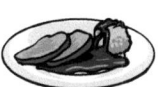

主菜

s Hauptgricht

甜點

s Dessert

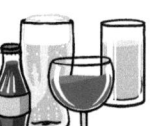

飲料

s Getränk

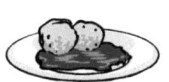

食物

d Läbensmittel

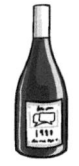

瓶子

d Fläsche

速食

s Fast Food

街邊小吃

s Street Food

茶壺

d Teechanne

糖盒

d Zuckerdosä

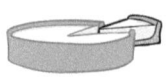

一份飯菜

d Portion

義式咖啡機

d Espressomaschine

高腳椅

dr Hochstuehl

帳單

d Rächnig

托盤

s Tablett

刀

s Mässer

餐叉

d Gable

勺子

dr Löffel

茶匙

dr Teelöffel

餐巾

d Serviette

玻璃杯

s Glas

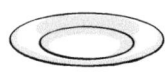

碟子
dr Täller

湯盤
dr Suppetällär

碟子
d Untertasse

醬
d Sose

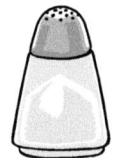

鹽瓶
dr Salzstreuer

胡椒研磨罐
d Pfäffermühli

醋
dr Essig

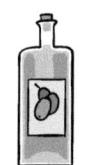

食用油
s Öl

調味料
d Gwürz

番茄醬
ds Ketchup

芥末
dr Sänf

美乃滋
d Mayonnaise

超市

dr Läbensmittellade

特價
s Ahgebot
FOR
顧客
dr Chund
乳製品
d Milchprodukt
水果
d Frücht
購物車
dr Iichaufswage

BUTCHERS

肉鋪

dr Schlachter

BAKERY

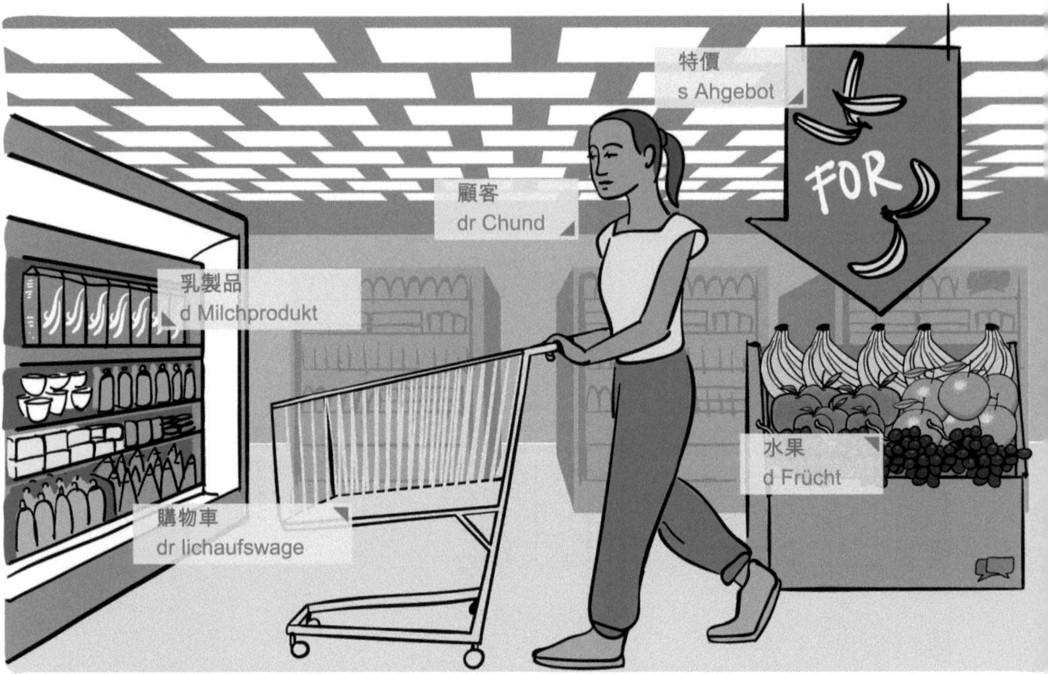

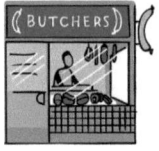

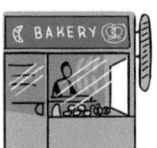

麵包店

dr Beck

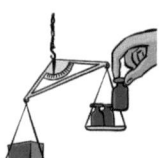

稱重

wiege

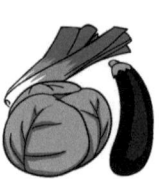

蔬菜

s Gmües

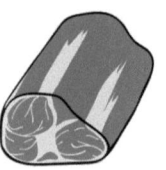

肉

s Fleisch

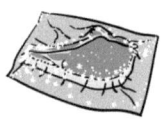

冷凍食品

d Tiefkühlprodukt

冷盤

dr Ufschnitt

罐頭食品

d Konsärve

洗衣粉

s Wöschmittel

甜食

d Süessigkeite

日用品

d Huushaltartikel

清潔用品

s Putzmittel

銷售員

d Verchäuferin

收銀機

d Kassä

收銀員

dr Kassierer

購物清單

d Ihchaufsliste

開放時間

d Öffnigszite

錢包

s Portemonnaie

信用卡

d Kreditkarte

袋子

d Täsche

塑膠袋

dr Plastiksack

水

s Wasser

果汁

dr Saft

牛奶

d Milch

可樂

d Cola

紅酒

dr Wii

啤酒

s Bier

酒

dr Alkohol

可可

s Ovi

茶

dr Tee

咖啡

dr Kafi

義式濃縮咖啡

dr Espresso

卡布奇諾

dr Cappuccino

香蕉

d Banane

蘋果

dr Öpfel

柳丁

d Orange

西瓜

d Melone

檸檬

d Zitrone

胡蘿蔔

s Rüebli

大蒜

dr chnoobli

竹子

dr Bambus

洋蔥

d Zwiblä

蘑菇

dr Pilz

堅果

d Nüss

麵條

d Nudle

義大利麵

d Spaghetti

米飯

dr Riis

沙拉

dr Salat

薯條

d Pommfrit

炸馬鈴薯

d Bratherdöpfel

披薩餅

d Pizza

漢堡

dr Hamburgär

三明治

s Sandwich

炸豬排

s Gotlett

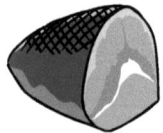

火腿

dr Schinkä

義大利臘腸

d Salami

香腸

s Würschtli

雞肉

s Huehn

烤肉

dr Bratä

魚

dr Fisch

燕麥片
d Haferflocke

木斯里
s Müesli

玉米片
d Cornflakes

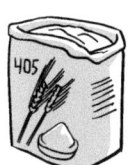

麵粉
s Mähl

牛角麵包
s Gipfeli

麵包捲
s Brötli

麵包
s Brot

吐司
dr Toscht

餅乾
s Guetzli

奶油
d Butter

凝乳
dr Quark

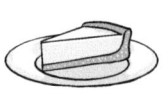

蛋糕
dr Chueche

蛋
s Ei

煎蛋
s Spiegelei

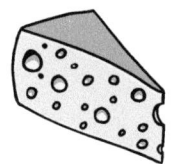

起司
dr Chäs

食物 - d Läbensmittel

冰淇淋

d Glace

糖

dr Zucker

蜂蜜

dr Honig

果醬

d Gonfi

巧克力醬

d Nougat-Creme

咖哩

s Curry

農場
dr Buurehof

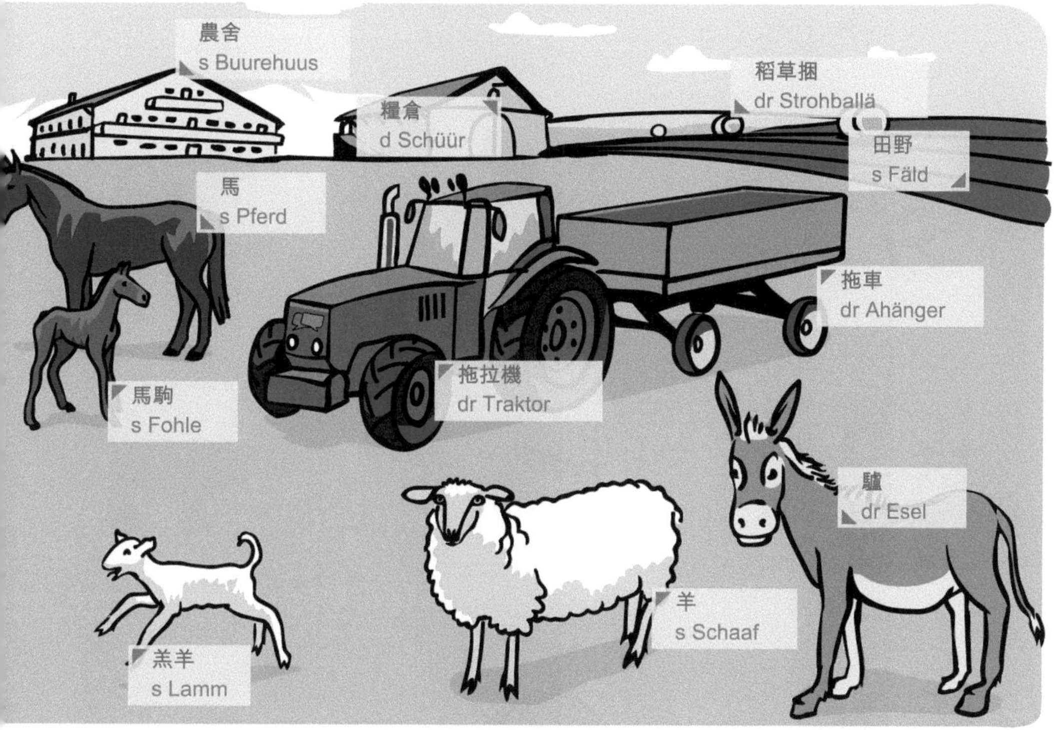

農舍
s Buurehuus
糧倉
d Schüür
稻草捆
dr Strohballä
田野
s Fäld
馬
s Pferd
拖車
dr Ahänger
馬駒
s Fohle
拖拉機
dr Traktor
驢
dr Esel
羊
s Schaaf
羔羊
s Lamm

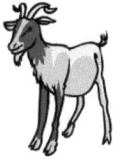

山羊

d Geiss

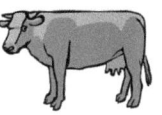

奶牛

d Chueh

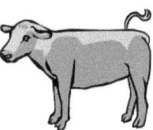

小牛

s Chalb

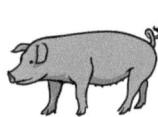

豬

d Sau

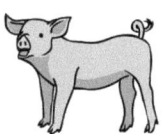

小豬

s Ferkel

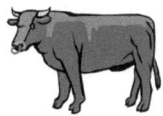

公牛

s Rind

鵝

d Gans

鴨

d Änte

小雞

s Küke

母雞

s Huähn

公雞

dr Güggel

鼠

d Ratte

貓

d Chatz

老鼠

d Muus

牛

dr Ochse

狗

dr Hund

狗屋

d Hundehütte

花園澆水軟管

dr Garteschluuch

澆水壺

d Giesschanne

長柄大鐮刀

d Sägese

犁

dr Pflueg

鐮刀
d Sichel

鋤頭
d Hacke

長柄草耙
d Heugable

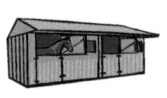

斧頭
d Axt

獨輪手推車
d Garette

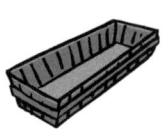

飼料槽
dr Trog

牛奶罐
d Milchchanne

麻布袋
dr Sack

柵欄
dr Haag

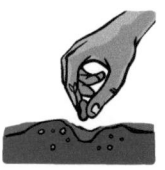

馬廄
dr Gadä

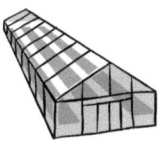

溫室
s Gwächshuus

土壤
dr Bode

種子
dr Soome

肥料
dr Dünger

聯合收割機
dr Mähdrescher

收割

ärnte

收割

d Ärnte

地瓜

d Yamswurzle

小麥

dr Weize

大豆

s Soja

土豆

dr Härdöpfel

玉米

dr Mais

油菜籽

dr Raps

果樹

dr Obstbaum

樹薯

dr Maniok

穀物

s Getreide

房子

s Huus

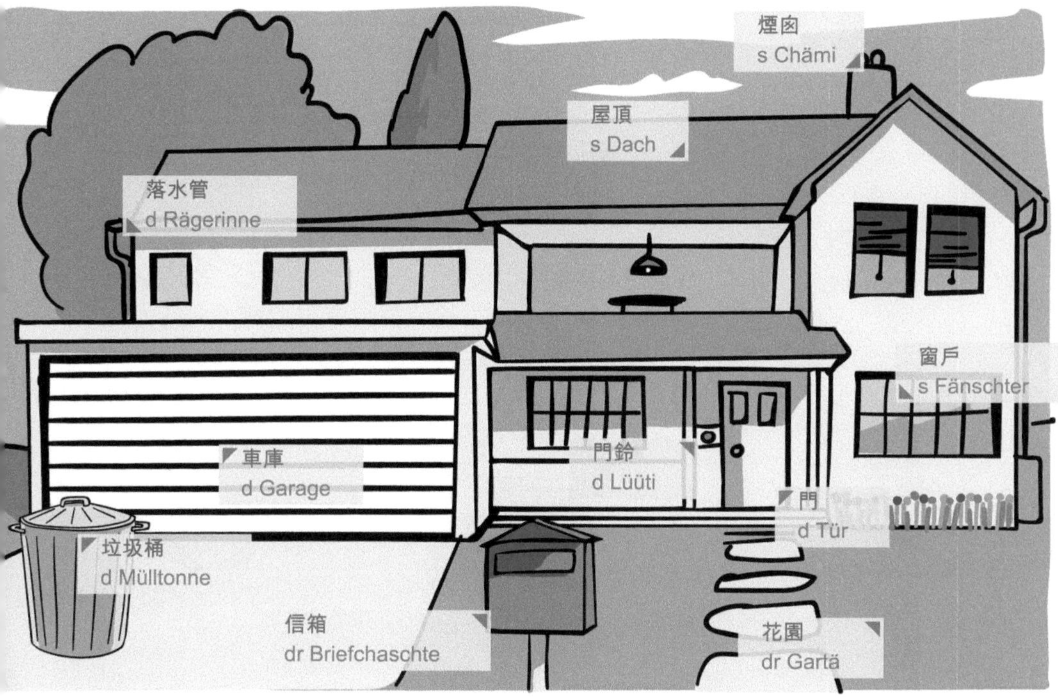

煙囪
s Chämi
屋頂
s Dach
落水管
d Rägerinne
窗戶
s Fänschter
車庫
d Garage
門鈴
d Lüüti
門
d Tür
垃圾桶
d Mülltonne
信箱
dr Briefchaschte
花園
dr Gartä

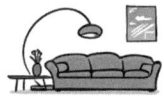

客廳

s Stubä

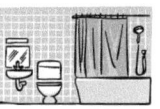

浴室

s Badzimmer

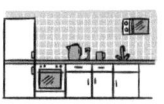

廚房

d Chuchi

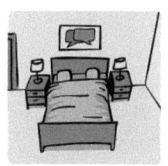

臥室

s Schlofzimmer

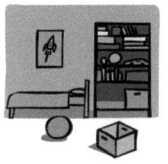

兒童房

s Chinderzimmer

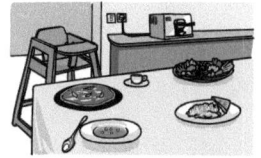

餐廳

s Ässzimmer

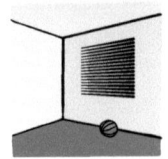

地板

dr Bodä

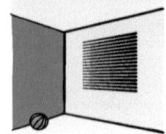

牆壁

d Wand

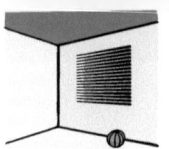

天花板

d Decki

地窖

dr Chäller

三溫暖

d Sauna

陽臺

dr Balkon

露臺

d Terasse

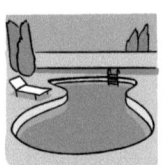

游泳池

s Pool

割草機

dr Rasemäier

被單

dr Bettbezug

床罩

d Bettdecki

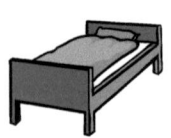

床

s Bett

掃帚

dr Bäse

水桶

dr Chübel

開關

dr Schalter

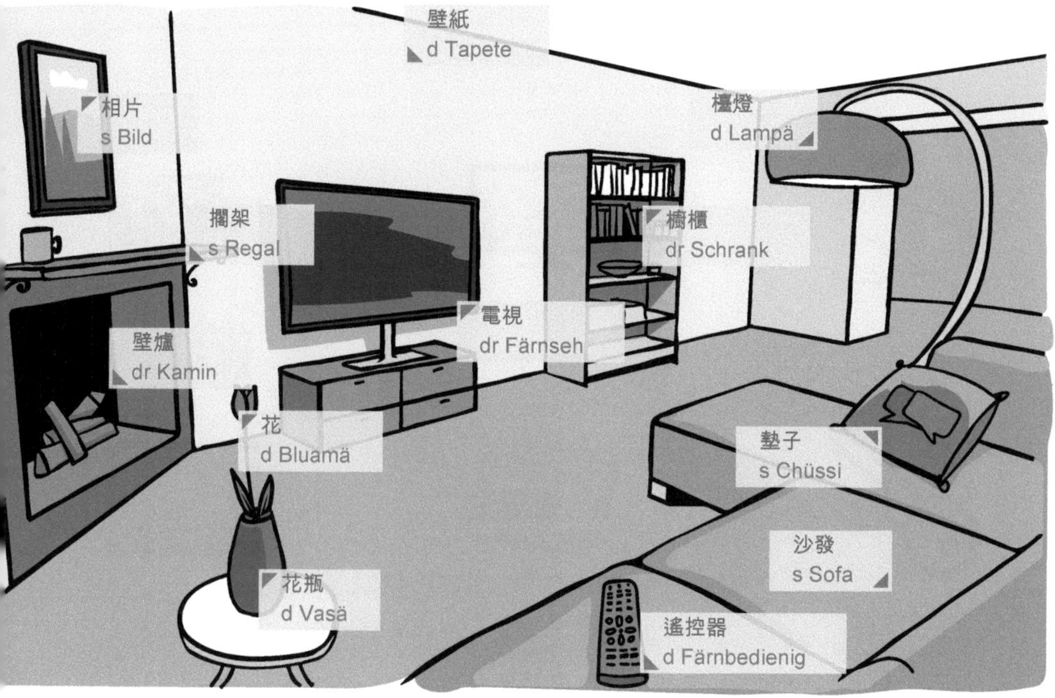

相片
s Bild

壁紙
d Tapete

櫃燈
d Lampä

擱架
s Regal

櫥櫃
dr Schrank

電視
dr Färnseh

壁爐
dr Kamin

花
d Bluamä

墊子
s Chüssi

沙發
s Sofa

花瓶
d Vasä

遙控器
d Färnbedienig

地毯
dr Teppich

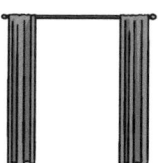

窗簾
dr Vorhang

餐桌
dr Tisch

椅子
dr Stuehl

搖椅
dr Schaukelstuehl

扶手椅
dr Sässel

書
s Buech

毯子
d Decki

裝飾品
d Dekoration

木柴
s Füürholz

電影
dr Film

高傳真音響
d Stereoahlag

鑰匙
dr Schlüssel

報紙
d Ziitig

油畫
s Bild

海報
s Poster

收音機
s Radio

筆記本
dr Notizblock

吸塵器
dr Staubsuuger

仙人掌
dr Kaktus

蠟燭
d Chärze

廚房

d Chuchi

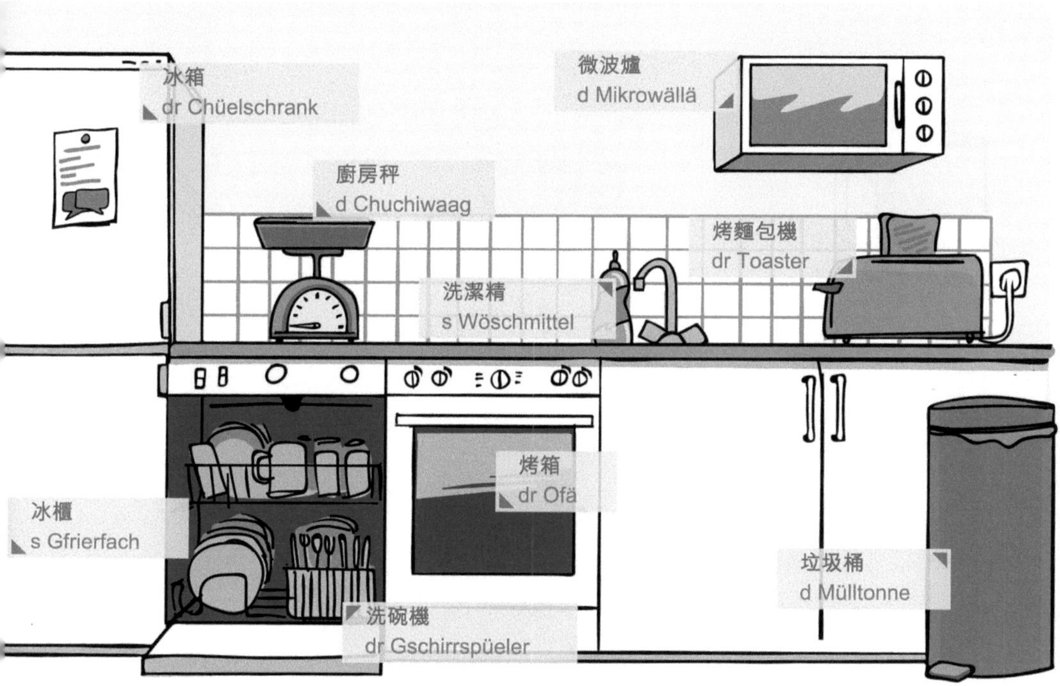

冰箱
dr Chüelschrank
微波爐
d Mikrowällä
廚房秤
d Chuchiwaag
烤麵包機
dr Toaster
洗潔精
s Wöschmittel
烤箱
dr Ofä
冰櫃
s Gfrierfach
垃圾桶
d Mülltonne
洗碗機
dr Gschirrspüeler

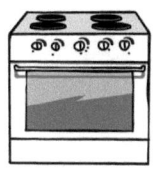

炊具

dr Härd

鍋

dr Topf

鑄鐵鍋

dr Iisetopf

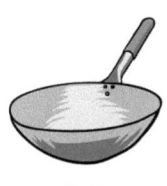

炒鍋

dr Wok / Kadai

平底鍋

d Pfanne

水壺

dr Wasserchocher

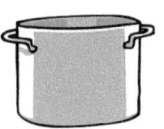

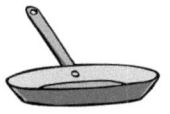

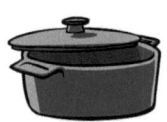

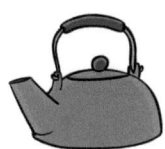

蒸鍋

dr Dampfer

烤盤

s Bachbläch

陶瓷鍋

s Gschirr

馬克杯

dr Bächer

碗

d Schale

筷子

d Stäbli

長柄勺

d Suppechellä

鏟子

dr Pfannewänder

攪拌器

dr Schneebäse

濾網

s Sieb

篩子

s Sieb

磨碎機

d Raffle

研缽

dr Mörser

燒烤

dr Grill

明火

d Füürstell

菜板

s Schniidbrätt

擀麵杖

s Nudelholz

開瓶器

dr Korkäzieher

罐子

d Dosä

開罐器

dr Dosäöffner

隔熱手套

dr Topflappä

水槽

s Wöschbecki

刷子

d Bürste

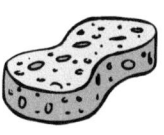

海綿

dr Schwumm

攪拌機

dr Mixer

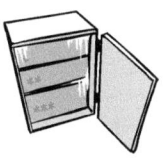

冷藏箱

dr Gfrierschrank

奶瓶

s Babyfläschli

水龍頭

dr Hahnä

浴室
s Badzimmer

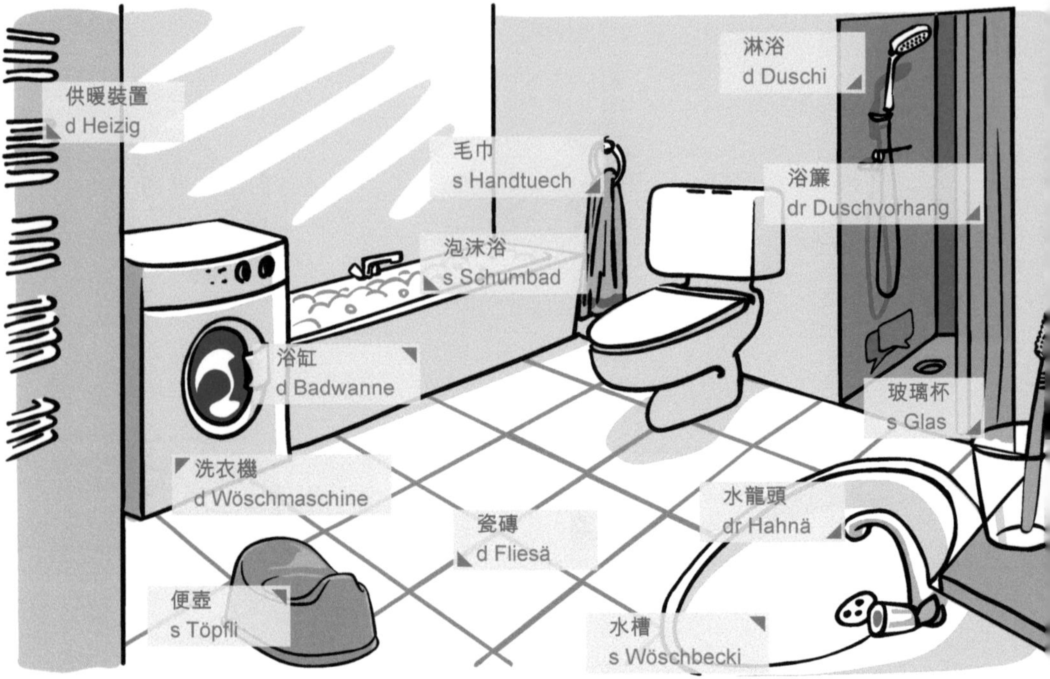
淋浴
d Duschi
供暖裝置
d Heizig
毛巾
s Handtuech
浴簾
dr Duschvorhang
泡沫浴
s Schumbad
浴缸
d Badwanne
玻璃杯
s Glas
洗衣機
d Wöschmaschine
水龍頭
dr Hahnä
瓷磚
d Fliesä
便壺
s Töpfli
水槽
s Wöschbecki

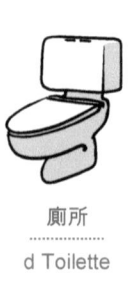

廁所
d Toilette

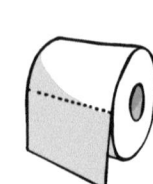

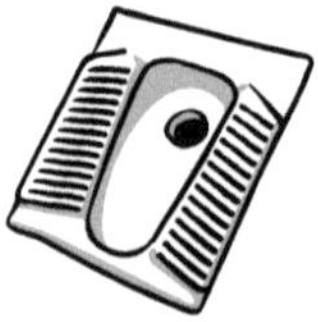
蹲便器
s Plumpsklo

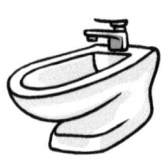

坐浴器
s Bidet

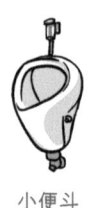

小便斗
s Pissoir

廁紙
ds Toilettepapier

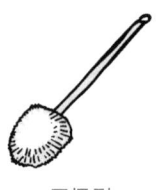

馬桶刷
d Toilettebürschteli

牙刷
d Zahbürstä

牙膏
d Zahpasta

牙線
d Zahnsiide

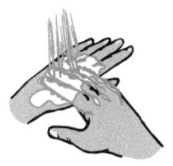

洗
wäsche

手持式蓮蓬頭
d Handduschi

沖洗器
d Intiimduschi

洗臉盆
s Wöschbecki

洗背刷
d Ruggäbürste

肥皂
d Seifä

沐浴露
s Duschgel

洗髮乳
s Shampoo

法蘭絨
dr Waschlappä

排水
dr Abfluss

乳霜
d Creme

除臭劑
s Deo

浴室 - s Badzimmer

鏡子

dr Spiegel

手鏡

dr Handspiegel

刮鬍刀

dr Rasierer

刮鬍泡沫

dr Rasierschuum

鬍後水

s Aftershave

梳子

dr Schträäl

刷子

d Bürstä

吹風機

dr Föhn

噴髮定型劑

s Hoorspray

化妝品

s Makeup

唇膏

dr Lippestift

指甲油

dr Nagellack

化妝棉

d Wattä

指甲剪

d Nagelscher

香水

s Parfum

洗漱包

s Necessaire

凳子

dr Schemel

計重秤

d Waag

浴袍

dr Badmantel

橡膠手套

dr Gummihändscheh

衛生棉條

s Tampon

衛生棉

d Damebinde

化學廁所

d chemischi Toilette

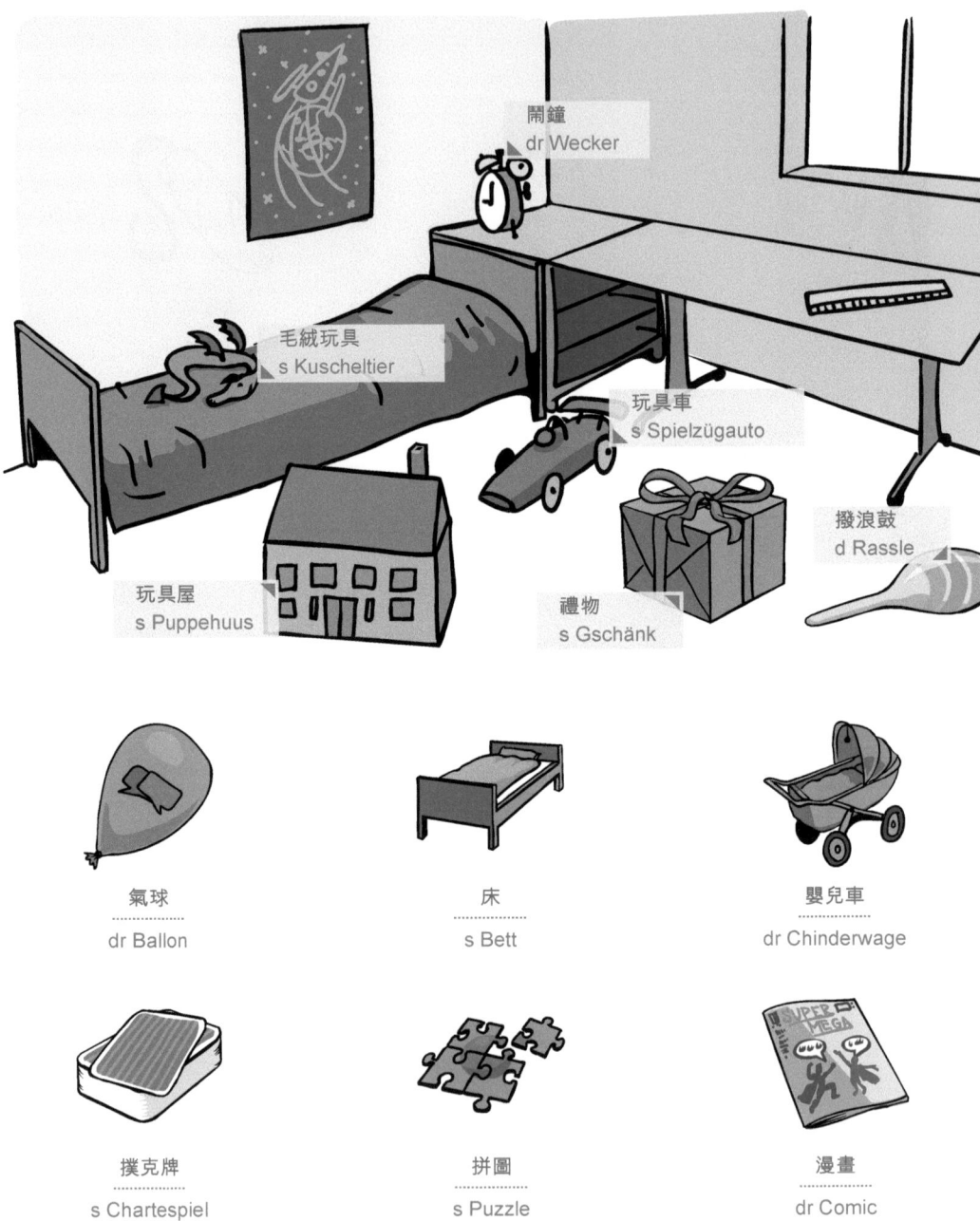

鬧鐘
dr Wecker

毛絨玩具
s Kuscheltier

玩具車
s Spielzügauto

撥浪鼓
d Rassle

玩具屋
s Puppehuus

禮物
s Gschänk

氣球
dr Ballon

床
s Bett

嬰兒車
dr Chinderwage

撲克牌
s Chartespiel

拼圖
s Puzzle

漫畫
dr Comic

樂高積木

d Legos

積木玩具

d Baustei

公仔

d Action Figur

嬰兒服

s Strampli

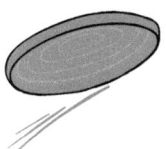

飛盤

s Frisbee

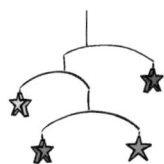

床鈴玩具

s Mobile

棋盤遊戲

s Brättspiel

骰子

dr Würfäl

火車模型

d Modellisebahn

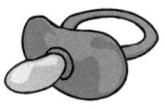

安撫奶嘴

dr Nuggi

派對

d Party

繪本

s Bilderbuch

球

dr Ball

洋娃娃

d Puppä

玩

spiele

沙坑

dr Sandchaschte

鞦韆

d Gigampfi

玩具

s Spielzüg

電玩遊戲

d Videospielkonsole

三輪車

s Dreirad

泰迪熊

dr Teddy

衣櫃

dr Chleiderschrank

衣服

d Chleidig

襪子

d Sockä

長襪

d Strümpf

緊身褲

d Strumpfhosä

圍巾
dr Schal

皮帶
dr Gürtel

雨傘
dr Rägeschirm

T恤
s T-Shirt

運動鞋
d Turnschueh

靴子
dr Stiefel

拖鞋
d Badschlappe

涼鞋
d Sandalä

鞋
d Schueh

雨靴
d Gummistiefel

內褲
d Untrhosä

胸罩
dr BH

背心
s Underlibli

身體

dr Body

褲子

d Hosä

牛仔褲

d Jeans

短裙

dr Rock

女式襯衫

d Bluse

襯衫

s Hömli

套頭衫

dr Pulli

連帽上衣

dr Kapuzepulli

西裝夾克

dr Blazer

夾克

d Jacke

外套

dr Mantel

雨衣

dr Rägämantel

套裝

s Chostüm

連衣裙

s Chleid

婚紗

s Hochziitskleid

西裝

dr Ahzug

睡袍

s Nachthömli

睡衣

s Pyjama

莎麗

dr Sari

頭巾

s Chopftuäch

包頭巾

dr Turban

波卡

d Burka

卡夫坦

dr Kaftan

(阿拉伯式)長袍

d Abaya

泳衣

s Badchleid

男式泳褲

d Badhose

短褲

d churzi Hosä

運動服

dr Trainer

圍裙

d Schürze

手套

d Händsche

鈕扣

dr Chnopf

眼鏡

d Brüllä

手鏈

s Armband

項鍊

d Chetti

戒指

dr Ring

耳環

dr Ohrering

便帽

d Chappe

衣架

dr Chleiderbügel

帽子

dr Huet

領帶

d Grawattä

拉鍊

dr Riissverschluss

安全帽

dr Helm

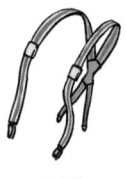

背帶

dr Hosäträger

校服

d Schueluniform

制服

d Uniform

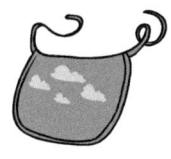

圍兜
s Lätzli

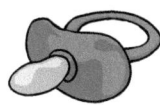

安撫奶嘴
dr Nuggi

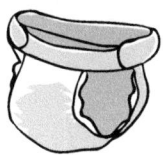

尿布
d Windle

辦公室
s Büro

伺服器
dr Server
檔案櫃
dr Akteschrank
印表機
dr Drucker
紙
s Papier
螢幕
dr Monitor
辦公桌
dr Schribtisch
滑鼠
d Muus
資料夾
dr Ordner
鍵盤
d Taschtatur
廢紙簍
dr Papierchorb
電腦
dr Computer
椅子
dr Stuehl

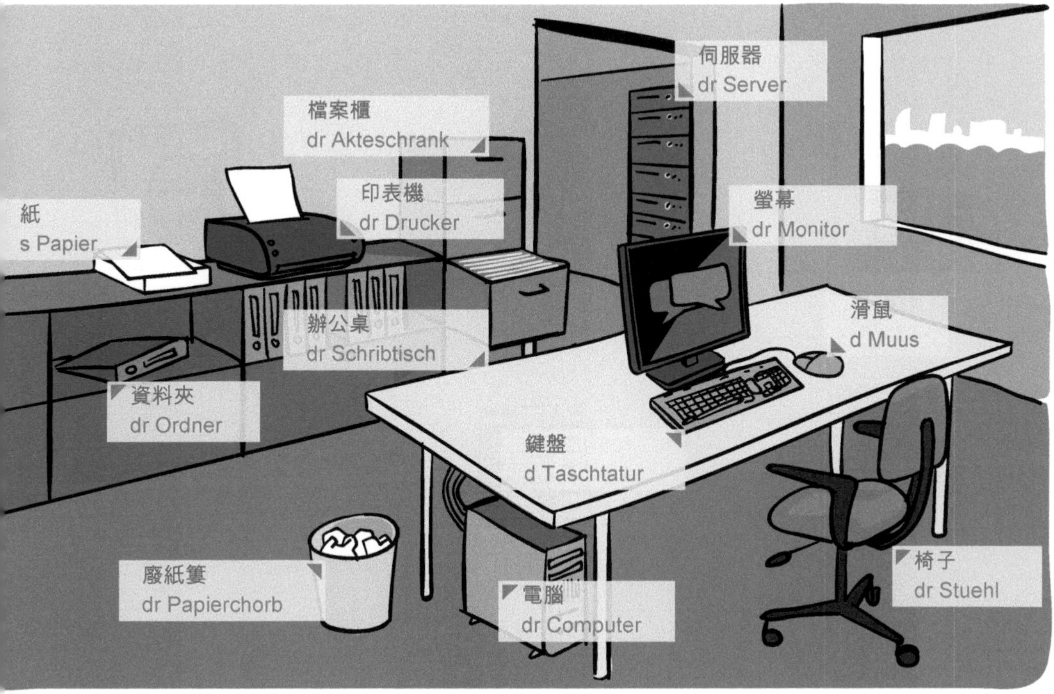

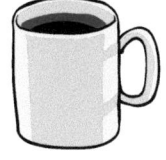

咖啡杯
dr Kafibächer

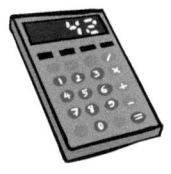

計算機
dr Tascherächner

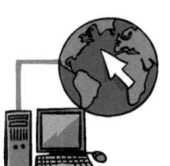

網際網路
s Internet

筆記型電腦
dr Laptop

信件
dr Brief

簡訊
d Nochricht

行動電話
s Mobiltelefon

網路
s Netzwärk

影印機
dr Kopierer

軟體
d Software

電話
s Telefon

插座
d Steckdosä

傳真機
s Fax

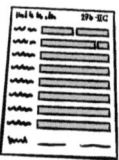

表格
s Formular

檔案
s Dokumänt

買
chaufe

付錢
zahle

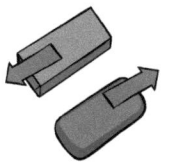

交易
handle

現金
s Gäld

美元
dr Dollar

歐元
dr Euro

日元
dr Yen

盧布
dr Rubel

瑞士法郎
dr Frankä

人民幣
dr Renminbi Yuan

盧比
d Rupie

提款處
dr Gäldautomat

外幣兌換處
d Wächselstube

金
s Gold

銀
s Silber

石油
s Öl

能源
d Energie

價格
dr Preis

合約
dr Vertrag

稅金
d Stüür

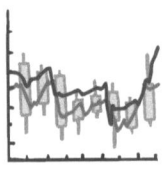

股票
d Aktie

工作
schaffe

職員
dr Mitarbeiter

老闆
dr Arbeitgeber

工廠
d Fabrik

商店
s Gschäft

職業

d Brüef

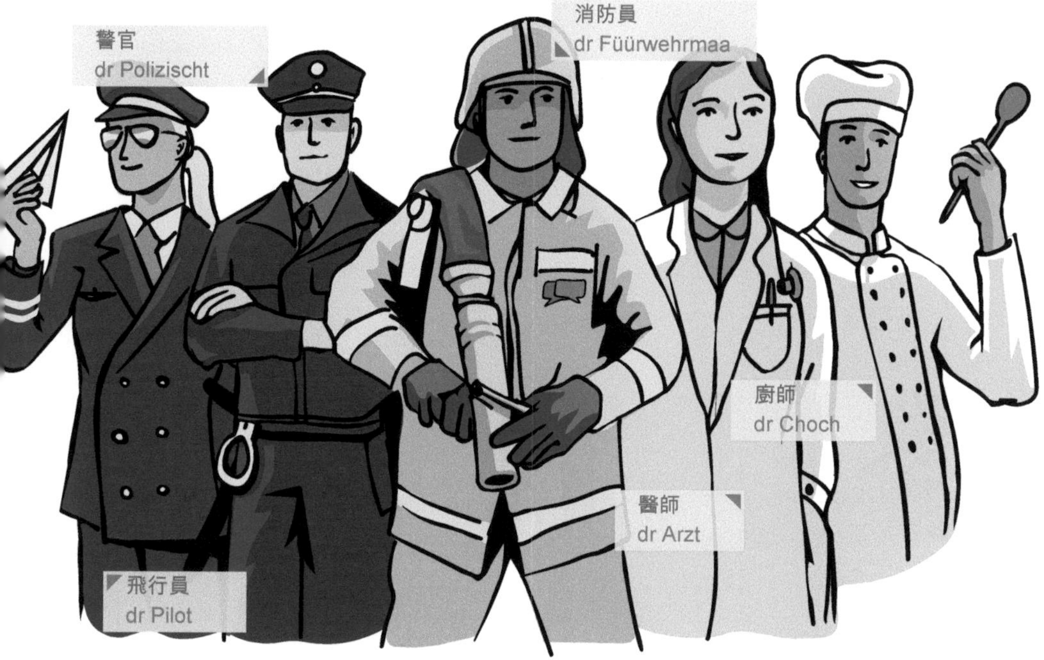
消防員
dr Füürwehrmaa
警官
dr Polizischt
廚師
dr Choch
醫師
dr Arzt
飛行員
dr Pilot

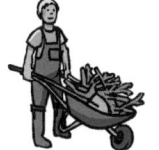

園丁

dr Gärtner

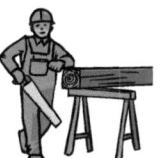

木匠

dr Zimmermah

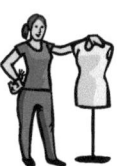

裁縫

d Näheri

法官

dr Richter

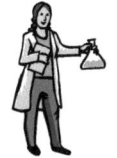

化學家

dr Chemiker

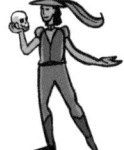

演員

dr Darsteller

公車司機

dr Busfahrer

計程車司機

dr Taxifahrer

漁夫

dr Fischer

清洗女工

d Putzfrau

屋頂工

dr Dachdecker

服務生

dr Chällner

獵人

dr Jäger

畫家

dr Moler

麵包師

dr Bäcker

電工

dr Elektriker

建築工人

dr Bauarbeiter

工程師

dr Ingenieur

屠夫

dr Schlachter

水管工

dr Klämpner

郵差

dr Pöschtler

士兵

dr Soldat

建築師

dr Architekt

收銀員

dr Kassierer

花農

dr Florischt

理髮師

dr Frisör

售票員

dr Kontrolleur

機械技師

dr Mechaniker

船長

dr Kapitän

牙醫

dr Zahnarzt

科學家

dr Wüsseschaftler

拉比

dr Rabbi

伊瑪目

dr Imam

和尚

dr Mönch

牧師

dr Pfarrer

工具

d Werkzüüg

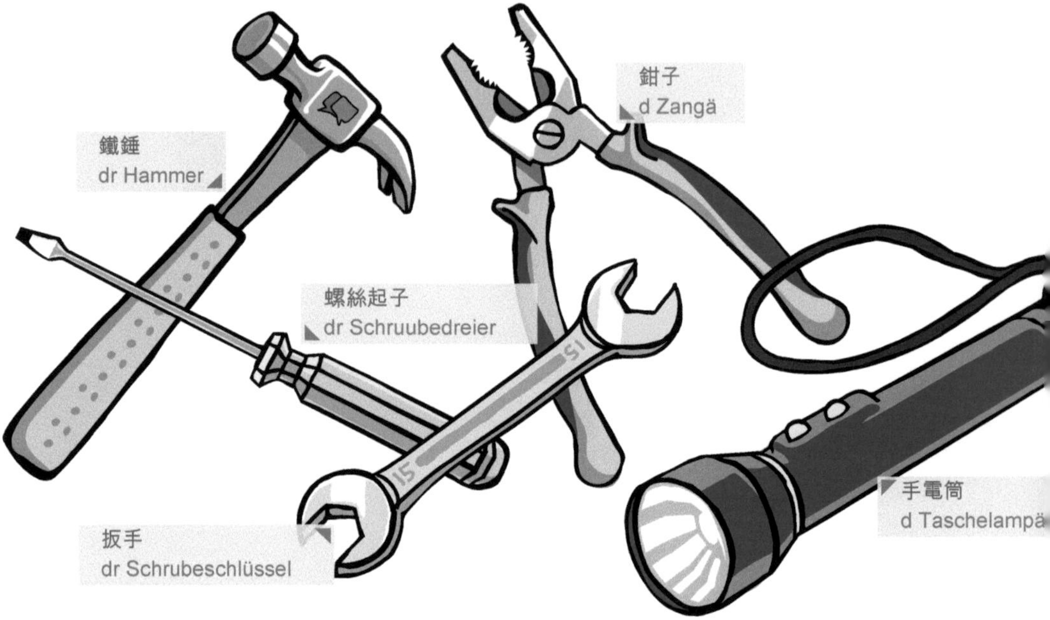
鐵錘
dr Hammer
鉗子
d Zangä
螺絲起子
dr Schruubedreier
扳手
dr Schrubeschlüssel
手電筒
d Taschelampä

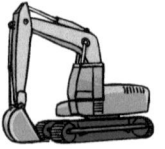

挖掘機

dr Bagger

工具箱

dr Werkzüügchaschte

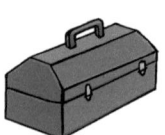

梯子

d Leitere

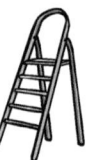

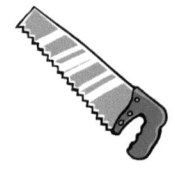

鋸子

d Sagi

釘子

d Negel

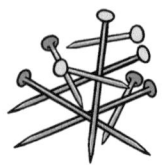

鑽機

dr Bohrer

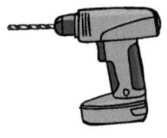

修
flicke

鏟子
d Schufle

糟糕！
Mischt!

畚箕
d Ascheschufle

油漆桶
dr Farbchübel

螺絲
d Schruube

樂器

d Musiginstrumänt

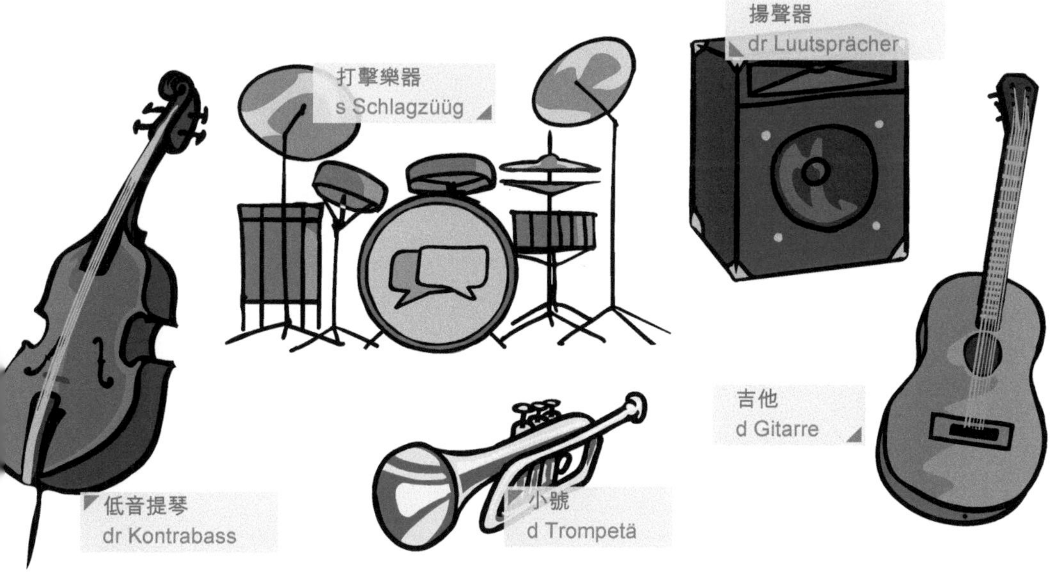

打擊樂器
s Schlagzüüg

揚聲器
dr Luutsprächer

吉他
d Gitarre

低音提琴
dr Kontrabass

小號
d Trompetä

鋼琴

s Klavier

小提琴

d Violine

貝斯

dr Bass

定音鼓

d Pauke

鼓

d Trummle

電子琴

s Keyboard

薩克斯風

s Saxophon

長笛

d Flöte

麥克風

s Mikrofon

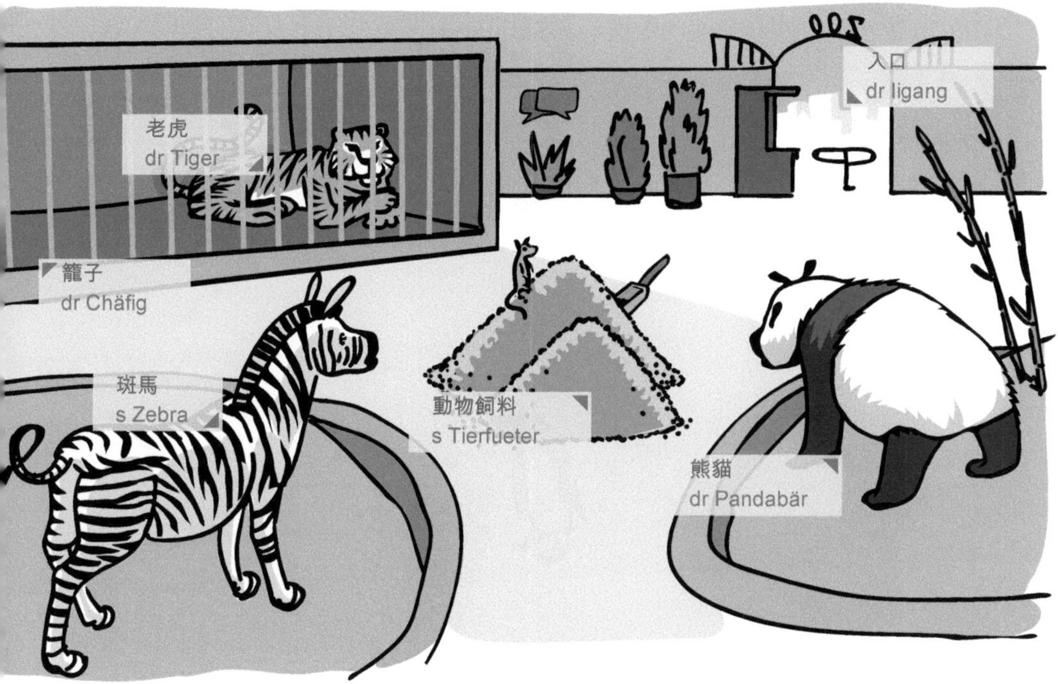

入口
dr Iigang

老虎
dr Tiger

籠子
dr Chäfig

斑馬
s Zebra

動物飼料
s Tierfueter

熊貓
dr Pandabär

動物

d Tier

大象

dr Elefant

袋鼠

s Känguru

犀牛

s Nashorn

大猩猩

dr Gorilla

熊

dr Bär

駱駝

s Kamel

鴕鳥

dr Struss

獅子

dr Leu

猴子

dr Aff

紅鶴

dr Flamingo

鸚鵡

dr Papagei

北極熊

dr Iisbär

企鵝

dr Pinguin

鯊魚

dr Hai

孔雀

dr Pfau

蛇

d Schlangä

鱷魚

s Krokodil

動物園管理員

dr Zoowärter

海豹

d Robbä

美洲豹

dr Jaguar

矮種馬

s Pony

豹

dr Leopard

河馬

s Nilpfärd

長頸鹿

d Giraff

老鷹

dr Adler

野豬

s Wildschwein

魚

dr Fisch

龜

d Schildkrot

海象

s Walross

狐狸

dr Fuchs

羚羊

d Gazelle

橄欖球
s American Football

騎腳踏車
s Velofahre

網球
s Tennis

籃球
dr Basketball

游泳
s Schwümmä

拳擊
s Boxä

冰球
s Iishockey

美式足球

dr Fuessball

羽毛球

s Badminton

田徑

d Liechtathletik

手球

dr Handball

滑雪

s Skifahre

馬球

s Polo

跳
springä

擁抱
umarme

笑
lachä

走路
gah

唱
singe

做夢
troime

祈禱
bätte

親吻
küssä

書寫
schribe

畫
zeichne

展示
zeige

推
schiebe

給
gäh

拿
näh

有
händ

做
mache

當
sy

站
stah

跑
laufe

拉
zieh

丟
rüerä

摔倒
fallä

躺
ligge

等待
warte

攜帶
träge

坐
sitze

穿衣
ahzieh

睡覺
schlafe

醒來
ufwache

看
ahluege

哭
brüele

擊
striichle

梳頭
bürste

交談
redä

明白
verschtah

問
froog

聽
lose

喝
trinke

吃
ässe

清理
ufruume

愛
liebe

做飯
chochä

開車
fahre

飛
flüge

航行

segle

計算

rächne

讀

läse

學習

leerä

工作

schaffe

結婚

hürate

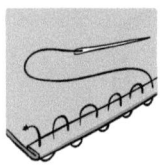

縫

näije

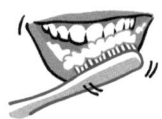

刷牙

Zäh putze

殺

töte

抽菸

schlootä

寄

sände

母
Grossmuetter

祖父
dr Grossvater

父親
dr Vatter

母親
d Muetter

嬰兒
s Baby

女兒
d Tochter

兒子
dr Sohn

客人

dr Gast

阿姨

d Tante

叔叔

dr Unkel

兄弟

dr Brüeder

姐妹

d Schwöschter

身體

dr Körpär

前額
d Stirn
眼睛
ds Aug
肩膀
d Schultere
手指
dr Fingär
臉
s Gsicht
下巴
s Chüni
手
d Hand
腿
s Bei
乳房
d Bruscht
手臂
dr Arm

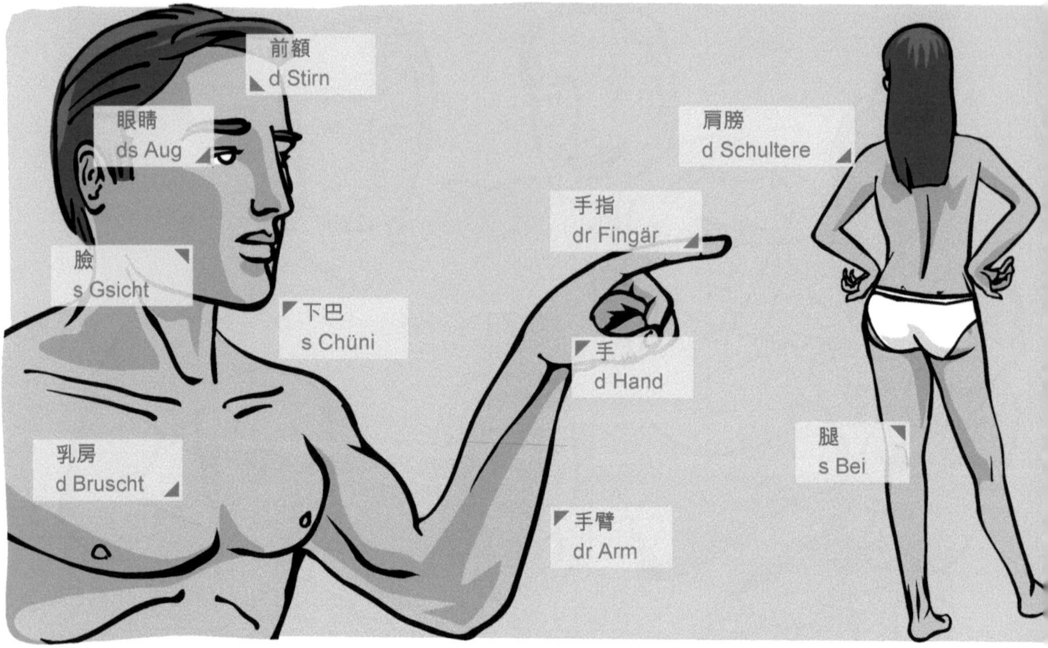

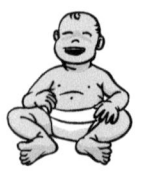

嬰兒

s Baby

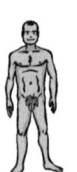

男人

dr Mah

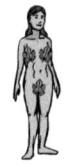

女人

d Frau

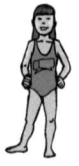

女孩

s Meitli

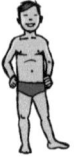

男孩

dr Bueb

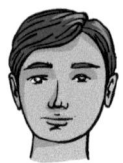

頭

dr Chopf

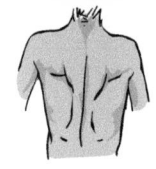

背部

dr Ruggä

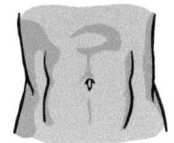

肚子

dr Buuch

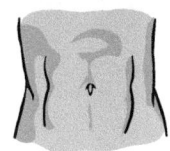

肚臍

dr Buchnabel

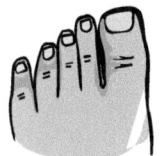

腳趾

dr Zäche

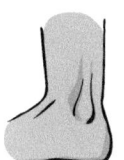

腳後跟

d Fersä

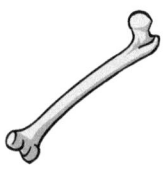

骨頭

d Knoche

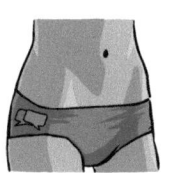

臀部

d Hüfte

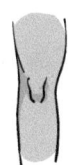

膝蓋

s Chnü

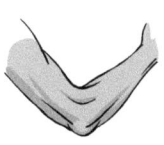

手肘

dr Ellbogä

鼻子

d Nase

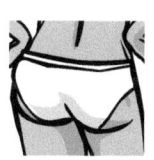

屁股

s Füdli

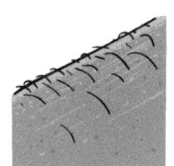

皮膚

d Hut

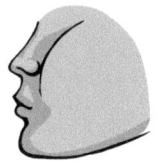

臉頰

d Bagge

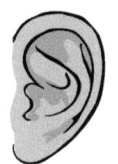

耳朵

s Ohr

嘴唇

d Lippe

身體 - dr Körpär

嘴
....
s Muul

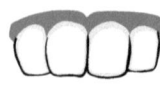

牙齒
....
dr Zah

舌頭
....
d Zungä

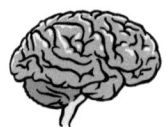

腦
....
s Hirni

心臟
....
s Härz

肌肉
....
dr Muskel

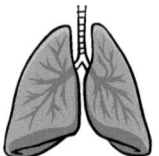

肺
....
d Lungä

肝臟
....
d Läberä

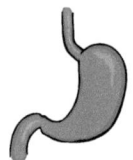

胃
....
dr Magen

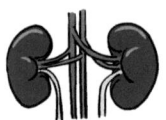

腎臟
....
d Nierä

性交
....
dr Gschlächtsvrkehr

保險套
....
s Kondom

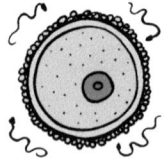

卵子
....
d Eizälle

精子
....
dr Soome

懷孕
....
d Schwangerschaft

身體 - dr Körpär

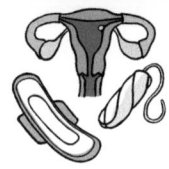

月事

d Menstruation

陰道

d Vagina

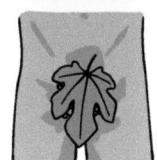

陰莖

dr Penis

眉毛

d Augebrauä

頭髮

s Haar

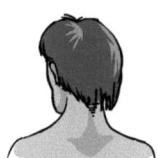

脖子

dr Hals

醫院

s Spital

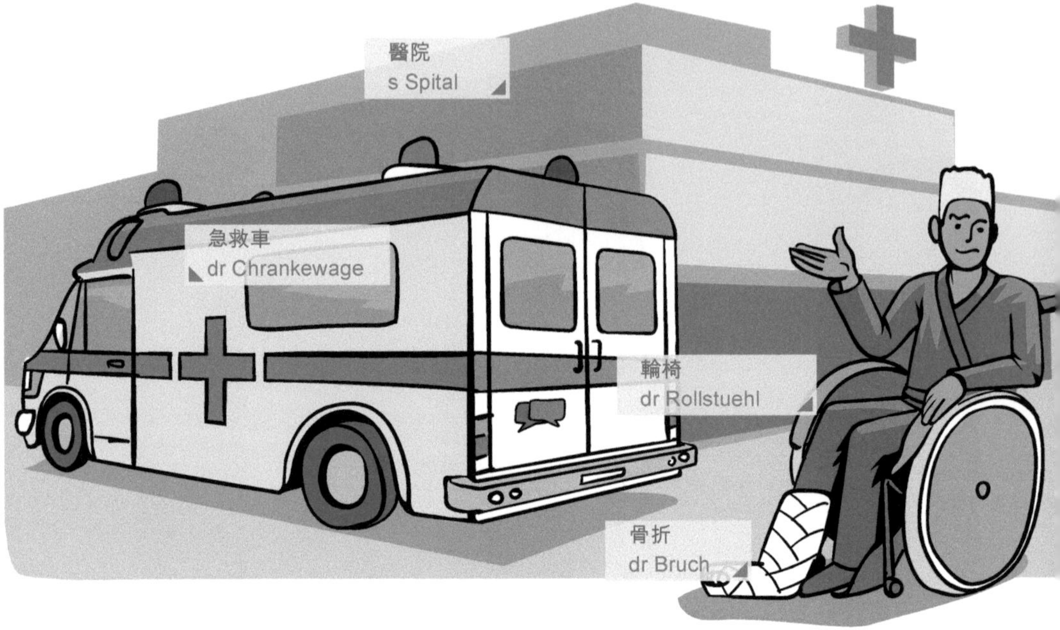

醫院
s Spital
急救車
dr Chrankewage
輪椅
dr Rollstuehl
骨折
dr Bruch

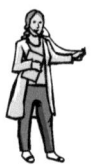

醫師
dr Arzt

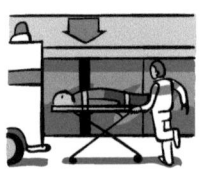

急診室
d Notufnahm

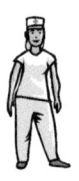

護理師
d Chrankeschwöschter

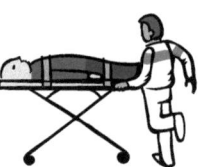

緊急情形
dr Notfall

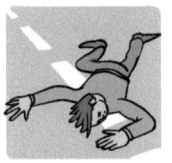

昏迷
ohnmächtig

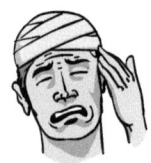

痛
dr Schmärz

受傷

d Verletzig

出血

d Bluätig

心臟病發作

dr Härzinfarkt

中風

dr Schlagahfall

過敏

d Allergie

咳嗽

dr Hueschtä

發燒

s Fieber

流感

d Grippe

腹瀉

dr Durchfall

頭痛

d Kopfschmärze

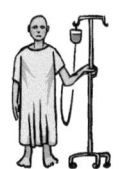

癌症

dr Kräbs

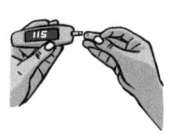

糖尿病

dr Diabetes

外科醫師

dr Chirurg

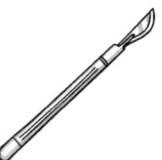

手術刀

s Skalpell

手術

d Operation

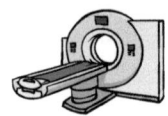

電腦斷層掃描

s CT

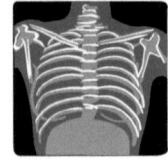

X光

s Röntgä

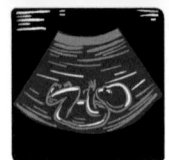

超音波

s Ultraschall

口罩

d Gsichtsmaske

疾病

d Krankhet

候診室

s Wartezimmer

拐杖

d Krückä

石膏

s Pflaster

繃帶

dr Vrband

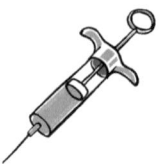

注射

d Injektion

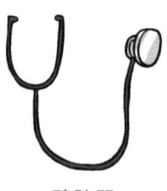

聽診器

s Stethoskop

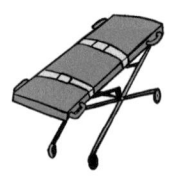

擔架

d Trage

體溫計

s Thermometer

出生

d Geburt

超重

s Übergwicht

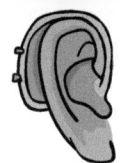

助聽器

s Hörgrät

消毒液

s Desinfektionsmittel

感染

d Infektion

病毒

s Virus

愛滋病

s HIV / AIDS

藥物

d Medizin

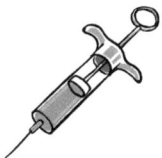

接種疫苗

d Impfig

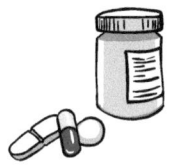

藥片

d Tablette

藥丸

d Pille

急救電話

dr Notruef

血壓計

s Bluetdruck-Mässgrät

生病/健康

chrank / gsund

救命！

Hiufe!

警報

dr Alarm

突擊

dr Überfall

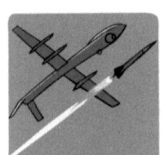

攻擊

dr Ahgriff

危險

d Gfohr

緊急出口

dr Notuusgang

失火了！

Füür!

滅火器

dr Füürlöscher

意外

dr Unfall

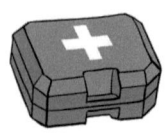

急救箱

dr Ersti-Hilf-Koffer

呼救訊號

SOS

員警

d Polizei

歐洲

s Europa

北美洲

s Nordamerika

南美洲

s Südamerika

非洲

s Afrika

亞洲

s Asie

澳洲

s Auschtralie

大西洋

dr Atlantik

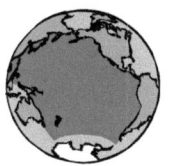

太平洋

dr Pazifik

印度洋

dr Indische Ozean

南冰洋

dr Antarktische Ozean

北冰洋

dr Arktische Ozean

北極

dr Nordpol

南極

dr Südpol

南極洲

d Antarktis

地球

d Ärde

陸地

s Land

海

s Meer

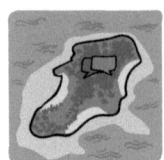

島

d Inslä

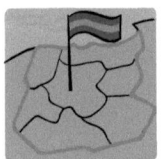

國家

d Nation

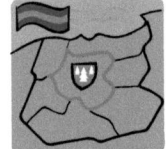

州

dr Staat

錶盤

s Ziffereblatt

時針

dr Stundezeiger

分針

dr Minutezeiger

秒針

dr Sekundezeiger

現在幾點？

Wie spaht isch es?

天

dr Tag

時間

d Zit

現在

jetzt

電子錶

d Digitaluhr

分

d Minute

時

d Stunde

d Wuche

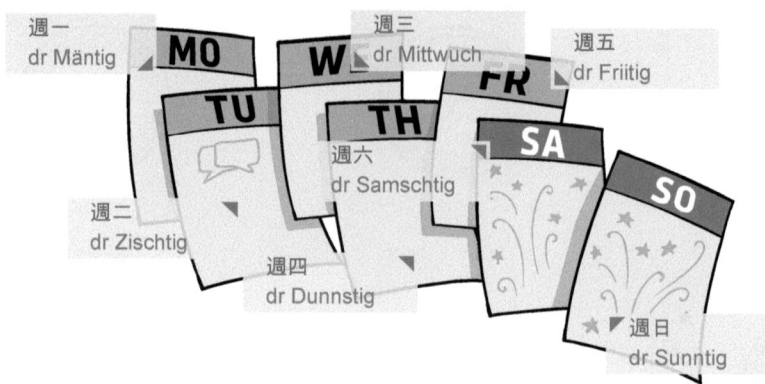

週一
dr Mäntig

週三
dr Mittwuch

週五
dr Friitig

週二
dr Zischtig

週四
dr Dunnstig

週六
dr Samschtig

週日
dr Sunntig

昨天

geschter

今天

hüt

明天

morn

早晨

dr Morgä

中午

dr Mittag

晚上

dr Aabig

工作日

d Wärktag

週末

s Wuchenänd

雨
▶ dr Räge

彩虹
▶ dr Rägeboge

風
▶ dr Wind

雪
▶ dr Schnee

春
dr Früelig

夏
dr Summer

秋
dr Herbscht

冬
dr Winter

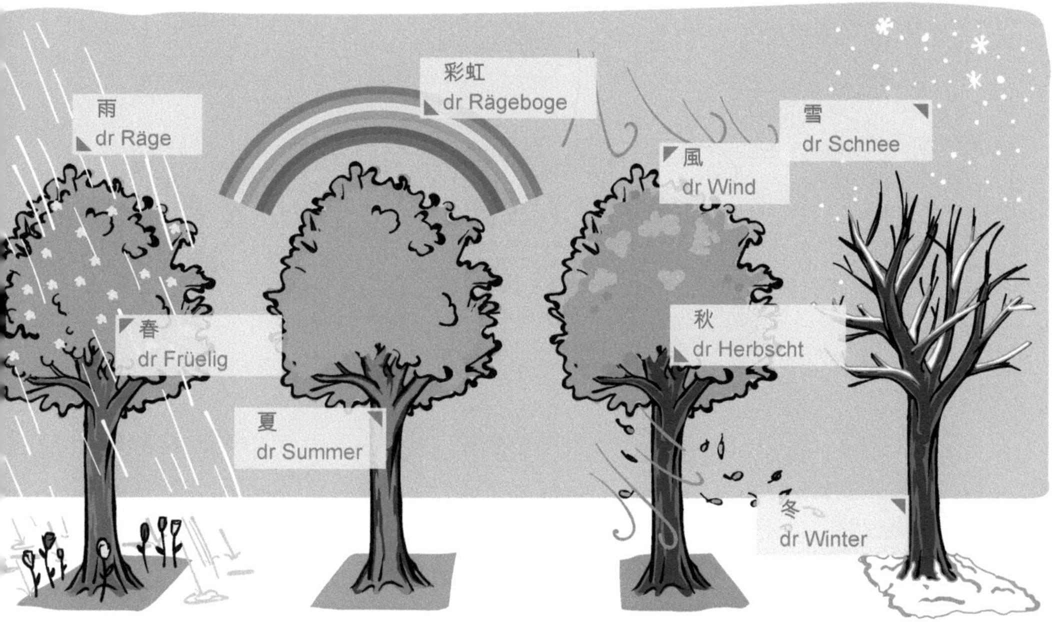

天氣預告

d Wättervorhärsag

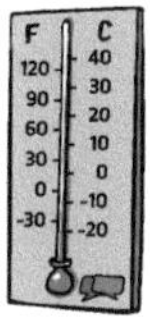

s Thermometer

溫度計

s Thermometer

陽光

dr Sunneschiin

雲

d Wolkä

霧

d Näbel

潮濕

d Fiechtigkeit

閃電

dr Blitz

打雷

dr Dunner

風暴

dr Sturm

冰雹

d Hagel

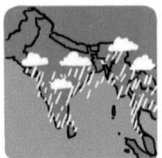

季風

dr Monsun

洪水

d Fluet

冰

s Iis

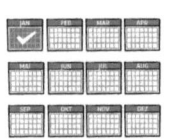

一月

dr Januar

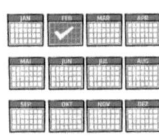

二月

dr Februar

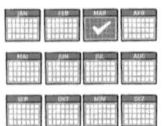

三月

dr März

四月

dr April

五月

dr Mai

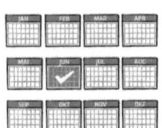

六月

dr Juni

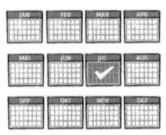

七月

dr Juli

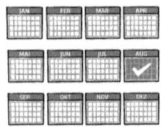

八月

dr Auguscht

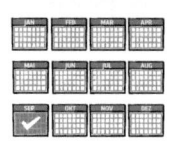

九月

dr Septämber

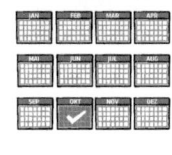

十月

dr Oktober

十一月

dr Novämber

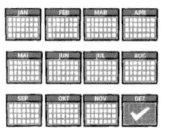

十二月

dr Dezämber

形狀

d Forme

圓形

dr Kreis

正方形

s Quadrat

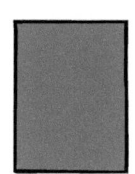

長方形

s Rächteck

三角形

s Dreieck

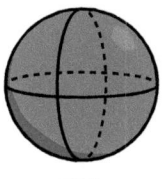

球體

d Chugele

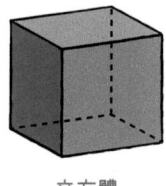

立方體

dr Würfel

白
wiss

黃
gäl

橙
orange

粉
pink

紅
rot

紫
liila

藍
blau

綠
grüen

棕
bruun

灰
grau

黑
schwarz

很多/少許

viel / wenig

生氣/平靜

hässig / ruhig

美/醜

hübsch / hässlich

首/尾

dr Ahfang / s Ändi

大/小

gross / chli

明/暗

hell / dunkel

兄弟/姐妹

Brüeder / d Schwöschter

乾淨/骯髒

suuber / dräckig

完整/缺失

vollständig / unvollständig

白天/晚上

dr Tag / d Nacht

死/生

tot / läbig

寬/窄

breit / schmal

可食用/非食用

ässbar / nid ässbar

邪惡/善良

bös / fründlich

興奮/無聊

uffreggt / glangwilt

胖/瘦

dick / dünn

第一/最後

zerscht / zletscht

朋友/敵人

dr Fründ / dr Find

滿/空

voll / läär

硬/軟

hart / weich

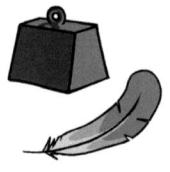

重/輕

schwer / liecht

餓/渴

dr Hunger / dr Durscht

生病/健康

chrank / gsund

非法/合法

illegal / legal

聰明/愚笨

intelligänt / gatz

左/右

links / rächts

近/遠

nöch / wiit weg

新/舊

neu / bruucht

沒有/有些

nüt / öpis

老/幼

alt / jung

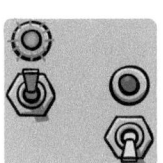

開/關

ah / uss

打開/闔上

offe / zue

安靜/吵鬧

lislig / luut

富/窮

riich / arm

對/錯

richtig / falsch

粗糙/光滑

rau / glatt

傷心/高興

truurig / glücklich

短/長

churz / lang

慢/快

langsam / schnäll

濕/乾

nass / trochä

溫暖/涼爽

warm / chalt

戰爭/和平

dr Chrieg / dr Friede

0

零

Null

1

一

eis

2

二

zwei

3

三

drü

4

四

vier

5

五

foif

6

六

sächs

7

七

sibe

8

八

acht

9

九

nün

10

十

zäh

11

十一

elf

12
十二
zwölf

13
十三
drizäh

14
十四
vierzäh

15
十五
füfzäh

16
十六
sächzäh

17
十七
siebzäh

18
十八
achtzäh

19
十九
nünzäh

20
二十
zwänzg

100
百
Hundert

1.000
千
Tuusig

1.000.000
百萬
Million

數字 - d Zahlä

英語
Änglisch

美式英語
Amerikanischs Änglisch

普通話
Chinesisch Mandarin

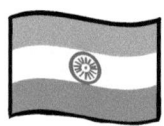

印地語
Hindi

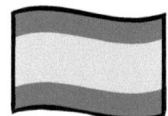

西班牙語
Spanisch

法語
Französisch

阿拉伯語
Arabisch

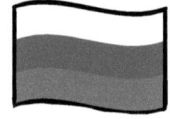

俄語
Russisch

葡萄牙語
Portugiesisch

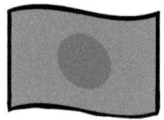

孟加拉語
Bengalisch

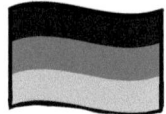

德語
Dütsch

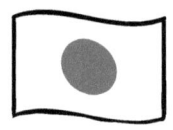

日語
Japanisch

我

ich

你

du

♂ ♀ ○

他/她/它

är / sie / es

我們

mir

你們

ihr

他們

sie

誰？

wär?

什麼？

was?

如何？

wie?

何處？

wo?

何時？

wänn?

HELLO, I AM

名字

Name

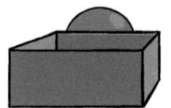

後面

hinder

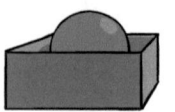

裡面

in

前面

vor

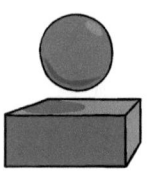

上方

über

上面

uf

下麵

under

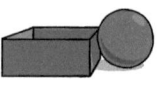

旁邊

näbe

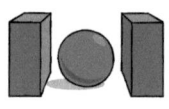

中間

zwüsche

地點

dr Ort